AF299760

ÉTUDE

HISTORIQUE, TOPOGRAPHIQUE ET MILITAIRE

SUR LA

CITÉ GAULOISE D'ALESIA

PAR

M. R. DE COYNART,

Chef d'escadron d'État-major.

Avec deux Cartes.

—

Extrait du Spectateur Militaire.

(Cahier de Novembre 1856.)

—

PARIS,

IMPRIMERIE DE L. MARTINET,

RUE MIGNON, 2.

1856.

[illegible]

[illegible]

[illegible]

[illegible]

[illegible]

[illegible]

1821.

ÉTUDE

HISTORIQUE, TOPOGRAPHIQUE ET MILITAIRE

SUR

LA CITÉ GAULOISE D'ALESIA.

Une question tout à la fois historique, archéologique et militaire, question importante à ce triple point de vue, est en ce moment soumise à une discussion approfondie entre deux hommes de travail et de science également distingués. Il s'agit de l'emplacement d'Alesia, de cette grande ville où César assiégea Vercingétorix, en résistant aux efforts de la nation gauloise levée en masse, défit une armée de secours plus que double de l'armée romaine, força, par suite, la place à se rendre et la Gaule tout entière à passer sous le joug.

Certes, l'événement est assez grand pour intéresser au plus haut point tous les esprits studieux qui cherchent avec impartialité à retrouver les faits des temps anciens de notre histoire dans toute leur exactitude.

Le *Spectateur militaire* ne pouvait pas rester étranger à cette discussion ; car il a aussi donné son avis sur Alesia, en publiant dans son n° du 15 septembre 1839 un travail remarquable de feu le chef d'escadron d'état-major du Mesnil. La lecture de ce travail est une excellente introduction à la controverse actuelle ; le commandant du Mesnil a démontré avec l'autorité de l'ingénieur habile et de l'écrivain consciencieux, que le terrain d'Alise-Sainte-Reine satisfait encore aujourd'hui à toutes les circonstances, à tous les détails que rapportent les Commentaires de César.

Jusqu'à ces derniers temps, rien n'avait contesté au Mont-Auxois son antique célébrité : c'était pour tous l'emplacement d'Alesia ; mais au commencement de cette année, M. Delacroix, architecte de la ville de Besançon, et président de la Société d'émulation du Doubs, a publié un mémoire dans lequel il cherche à établir que la cité gauloise était bâtie sur un des contre-forts projetés par le mont Poupet entre

les sinuosités du Lison (1) et n'était qu'une bourgade.
Il avance que la bataille qui a précédé le siége a été
livrée près de l'Ognon, entre Ruffey, Charcenne et
Venère, par conséquent sur la rive gauche de la Saône,
d'où les deux armées ont pu arriver à Alesia, c'est-à-
dire, selon lui, à l'est du mont Poupet, les Gaulois le
soir même, et César le lendemain.

Là se trouve aujourd'hui le petit village d'Alaise.

M. Delacroix a trouvé dans ce nom un dérivé d'Alesia et d'anciens titres ont corroboré son opinion, puis
des appellations de cantons, lieux-dits, bois, accidents
de terrain, etc., ont présenté plusieurs analogies avec
des détails de faits mentionnés dans les *Commentaires;* ces noms rappellent peut-être simplement
d'autres actions de guerre accomplies sur ce terrain,
où l'on trouve encore des armes et des débris de fer.

En s'appuyant sur un passage du viie livre des
Commentaires, d'après lequel César marchait par
l'extrême frontière du pays des Lingons vers la Séquanie; en réunissant une assertion de Plutarque, une
autre de Dion Cassius, l'indication donnée par Vos-
sius d'un poëme de Varo Atacinus sur une guerre
de Séquanie; enfin, quelques vers d'une idylle d'Au-
sonius, sur la Moselle, l'auteur conclut que César était
en Séquanie quand Vercingétorix l'attaqua, fut battu
et forcé d'aller se réfugier sous les murs d'Alesia.

M. Delacroix suppose que les Romains ont fait le

______

(1) Voyez les feuilles 113 et 126 de la carte de France au 80,000e
(Gray et Besançon), et l'extrait suivant de cette dernière feuille.

siége d'un massif de montagnes et non d'une ville ; dans cette hypothèse il place une partie des ouvrages d'attaque au fond de vallées étroites, sous des escarpements inaccessibles, où ces ouvrages ne pouvaient avoir aucune utilité ; il donne 18 kilomètres de développement à la première ligne de circonvallation qui, d'après le texte des *Commentaires*, en avait seulement 12 1/2, et 24 kilomètres à la ligne de retranchements extérieurs qui en avait à peine 21. Il complète la relation du siége, en supposant deux camps détachés vers l'est, sur le plateau d'Amancey, l'un à 5 kilomètres et l'autre à 11 kilomètres d'Alaise. D'après M. Delacroix, les 23 postes qui soutenaient les premiers travaux d'attaque auraient formé une ligne de plus de 50 kilomètres, suivant la crête des monts Mayot, touchant la source de la Loue et revenant vers l'ouest, en décrivant à peu près toutes les sinuosités de la berge gauche de cette rivière. Par suite de cette hypothèse, l'armée de Vercingétorix eût occupé un terrain étroit nommé Chataillon, entre la bourgade et les précipices au fond desquels coule le Lison ; l'armée de secours aurait été campée au nord-ouest, sur une chaîne de hauteurs escarpées et d'un accès très difficile. Le corps de 60,000 hommes qu'elle a détaché pour attaquer les retranchements romains par le nord aurait exécuté une marche de flanc de plus de 25 kilomètres, de Bartherans à Chassagne, par le plateau de Montrond, en passant deux fois la Loue, et cela dans moins de douze heures. Enfin, la dernière bataille aurait été livrée à la fois près d'Amancey et à l'ouest d'Alaise; elle aurait couvert une étendue de plus de 12 kilomètres.

Tel est, en résumé, le tableau tracé par M. Delacroix, dans son interprétation du texte des *Commentaires* appliqué au terrain compris entre le mont Poupet et les sources de la Loue.

M. Rossignol, conservateur des archives de la Côte-d'Or et de l'ancienne Bourgogne, a publié un savant mémoire en réponse à celui de M. Delacroix. M. Rossignol suit pas à pas son adversaire, toujours le texte de César à la main. Il discute les autres au-torités invoquées et en réduit beaucoup la valeur, en faisant ressortir leurs contradictions avec ce texte, et en leur attribuant une signification tout autre que celle adoptée par M. Delacroix. Il précise chacun des événements qui se sont succédé depuis le moment où César a levé le siége de Gergovie jusqu'à la reddition d'Alesia, et montre leur concordance avec la disposi-tion des localités. Tout lecteur impartial conviendra que, dans ce remarquable écrit, les faits sont claire-ment exposés, et que le texte des *Commentaires* est appliqué judicieusement partout, sans omission et sans complaisance.

Bien que la question paraisse instruite et que le lecteur semble n'avoir plus qu'à se prononcer, je crois qu'il est possible de présenter encore quelques obser-vations qui ne sont pas suffisamment développées dans l'un comme dans l'autre mémoire; je veux parler des considérations spécialement militaires, de l'appré-ciation pratique et de l'application rationnelle des faits rapportés par César. Je vais essayer, à mon tour, de traiter la question à ce point de vue, en empruntant le moins que je pourrai aux opinions déjà émises.

A cet effet, je rappellerai les mouvements et les actions des armées, en tenant compte à la fois du terrain, élément principal de toute opération de guerre, et des conditions obligatoires dans lesquelles les deux partis se sont trouvés.

En premier lieu, j'examinerai chacune des deux localités sous le rapport de sa valeur stratégique.

Les montagnes du Jura (1) forment une espèce de muraille qui domine la plaine de la Bourgogne en suivant à peu près le cours du Doubs jusqu'à Osselle, puis s'inclinant au sud vers Arbois, Poligny, Lons-le-Saulnier, etc. Cette muraille offre une suite de positions militaires généralement fortes par elles-mêmes, aux débouchés des vallées qui donnent accès de la plaine vers la montagne, comme à Salins et aux autres villes que je viens de citer.

Dans l'intérieur du massif, partagé en zones longitudinales dont l'élévation va en augmentant de l'ouest à l'est, toutes les vallées praticables, les seules où des troupes puissent passer, présentent également sur leurs berges de fortes positions défensives. Ces positions, relativement dominantes, sont faciles à reconnaître, car un château fort en ruine ou le retranche-

____

(1) Voir les feuilles de la carte de France au 80,000ᵉ, numéros 126 et 138 (Besançon et Lons-le-Saulnier).

ment d'un ancien camp, attestent que la guerre a
passé là.

Tous les points qui satisfont aux conditions que je
viens d'énoncer sont habités depuis les temps les plus
anciens, et l'on y voit des villes aussi importantes que
les conditions physiques le permettent, ou des traces
d'établissements jadis considérables et réduits aujour-
d'hui à des proportions plus minimes. Les points fortifiés pour assurer seulement la puissance féodale
dans une contrée sont nombreux et souvent en dehors
de toute voie de communication naturelle, mais aujourd'hui on n'en trouve plus généralement que des
vestiges.

L'emplacement du village d'Alaise ne satisfait à
aucune de ces conditions essentielles ; limité vers l'est
et vers le nord par la vallée profonde, rocheuse et
presque impraticable du Lison, dominé au midi par
une suite de mamelons qui se rattachent aux rochers
de Querches, il ne couvre, ne ferme ou ne voit aucun
passage naturel; car la dépression que suit la route
de Salins à Ornans, jusqu'à Nans-sous-Sainte-Anne,
ne peut être ni surveillée ni inquiétée des croupes
d'Alaise, dont un cordon de hauteurs la sépare. A
une certaine époque, cette dépression était gardée
par les châteaux de Sainte-Anne et de Mont-Mahoux.

Au point de vue stratégique, il n'y a donc pas la
moindre probabilité qu'Alaise ait pu jamais être un
poste militaire quelconque. On doit ajouter que le sol
incliné sensiblement vers le nord, dominé d'environ
50 mètres à l'ouest par le Mouniot, de plus de 120

au sud par les mamelons de la Chênée et des Montfordes, ne peut avoir qu'un climat rude, ingrat et in-
capable de favoriser l'établissement d'une nombreuse
population.

Voyons maintenant la situation du mont Auxois (1).
Un vaste plan incliné vers le nord, très onduleux et
découpé par de profondes vallées, dont les berges
sont escarpées à leurs parties supérieures, s'appuie
sur la ligne de partage des grands bassins de l'Océan
et de la Méditerranée; il vient aboutir aux plaines
des environs de Paris. Les accidents de ce terrain sont
d'autant plus prononcés qu'ils sont plus voisins de la
ligne de faîte. Les vallées sont naturellement les direc-
tions les plus favorables à suivre pour arriver sur
cette ligne. C'est, en effet, dans les vallées que le
terrain se prête le mieux à la marche; l'eau n'y
manque pas, et, dans tous les temps, elles ont été les
lignes d'opérations militaires. Plus tard, pendant la
domination romaine, les grands chemins ont été souvent tracés sur les hauteurs, mais sans que les vallées
fussent complétement abandonnées.

La Brenne, l'Ozerain, l'Oze et deux affluents
descendent de Sombernon, Saint-Mesmin, Drée et
Blaisy, pour se réunir près du mont Auxois. Cette colline, rattachée par un col assez profond au cordon de
hauteurs situées entre l'Oze et l'Ozerain, qui baignent
le pied de ses versants, au nord et au sud, domine à

---

(1) Voir le plan annexé à cette Étude et les feuilles de la carte
de France au 80,000ᵉ, numéros 111 et 112 (Avallon et Dijon).

la fois les trois débouchés, dont elle couvre et défend
le passage.

Je n'ai pas besoin d'insister sur l'importance de
ces vallées au point de vue militaire ; toutes les trois
facilitent le passage du bassin de la Seine dans celui
du Rhône, du nord au midi de la France ; à toutes
les époques, le mont Auxois, qui en est la clef, dut
être un point des plus essentiels. Fortifiée par la nature, qui lui a donné une ceinture de rochers, n'étant
dominée de nulle part, puisque les collines environ-
nantes, dont la hauteur est la même, en sont éloignées
d'au moins 1200 mètres, cette position ne deman-
dait qu'à être occupée pour assurer la possession du
pays. En outre, il se trouve une source à l'extrémité
orientale du plateau supérieur, et une vaste plaine
basse très fertile à l'ouest. Tout se réunit donc sur le
mont Auxois, non-seulement pour caractériser une
forte position militaire, mais encore pour favoriser
l'agglomération des habitants, pour fonder une grande
ville

Voilà quelles sont les deux localités qui prétendent
aujourd'hui avoir été le théâtre de l'un des plus grands
événements militaires de nos anciens temps ; voilà
dans quelles conditions physiques et stratégiques la
nature les a placées. Je vais citer ce que dit César de
la ville dont il fit le siége ; le lecteur pourra porter un
premier jugement.

« LXXIX. Alesia était située au sommet d'une col-
» line et dans une position tellement élevée, qu'elle ne
» paraissait pas pouvoir être prise autrement que par

» un siége. Deux rivières coulaient des deux côtés,
» au pied de cette colline ; en avant de la place s'éten-
» dait une plaine d'environ 3,000 pas (4,443 mè-
» tres) ; sur tous les autres points, des collines placées
» à peu de distance les unes des autres et d'une égale
» hauteur entouraient la ville ; en avant des murailles,
» la partie de la colline qui regardait le soleil d'orient
» était remplie de troupes gauloises, qui avaient creusé
» un fossé et construit une muraille en pierres sèches
» de six pieds de haut. Les lignes auxquelles les
» Romains travaillaient avaient une circonférence de
» 11,000 pas (16,291 mètres). Les camps étaient
» établis dans des positions convenables. On y fit vingt-
» trois forts, dans lesquels on plaçait des postes pen-
» dant le jour, pour empêcher les Gaulois d'attaquer
» à l'improviste. La nuit ils étaient gardés par des
» sentinelles et de forts détachements. »

Je transcris le paragraphe entier, bien qu'il donne,
avec les indications topographiques, d'autres détails
appartenant à l'histoire, et sur lesquels je reviendrai.
Ces détails, au reste, sont encore une vérification,
car, en supposant le col oriental occupé par une armée, la circonvallation de 11,000 pas renferme, à
une distance convenable, tout le mont Auxois et cette
annexe.

Pour compléter les éléments de la question déjà
exposés en ce qui concerne le terrain, sa nature et
ses caractères particuliers dans chaque localité, j'examinerai succinctement les faits consignés dans les

Commentaires depuis le siége de Gergovie jusqu'à la reddition d'Alesia.

M. Rossignol, je l'ai dit plus haut, a suivi pas à pas M. Delacroix, et a fait ressortir de nombreuses contradictions entre le mémoire de celui-ci et le texte des *Commentaires;* dans ce qui va suivre, je reproduirai plusieurs faits, plusieurs déductions présentées par le premier; mais j'analyse, d'une part, et je cherche à compléter, de l'autre, une opinion que je partage, en me servant de considérations techniques tirées du texte même appliqué au terrain: les répétitions sont donc inévitables.

César passe l'Allier trois jours après avoir levé le siége de Gergovie; il franchit la Loire ensuite, et continue sa marche vers le pays des Senones, pour rejoindre Labienus, qui était près de Lutèce. Il envoie des députés en Germanie, et tire de ce pays des cavaliers ainsi que des hommes à pied armés à la légère, qui combattaient dans les rangs des premiers.

Labienus, après avoir remporté des avantages signalés sur les rives de la Seine, revient à Sens, et de là rejoint César, qui se dirige alors vers la Séquanie par l'extrême frontière du pays des Lingons.

Pendant ce temps, Vercingétorix est à Autun, placé à la tête d'une nombreuse armée; il se met en mouvement, marche trois jours, et vient camper à 10,000 pas (environ 15 kilomètres) de l'armée romaine.

Vercingétorix attaque les Romains établis dans une position couverte par un cours d'eau, et ayant, sur la droite, une hauteur remarquable; il est battu, se retire, et vient le soir à Alesia, après avoir encore perdu 3,000 hommes pendant sa retraite.

César arrive le lendemain devant Alesia, reconnaît que cette place ne peut être prise que par un siége en règle et fait commencer aussitôt une ligne de circonvallation, dont le développement est de 11,000 pas (16,291 mètres). Malgré vingt-trois forts ou redoutes qui le protégent, cet ouvrage ne donne point aux Romains une sécurité suffisante; ils construisent deux autres lignes munies de défenses accessoires. La première, tournée contre la ville, pour s'opposer aux tentatives de la garnison et des troupes de Vercingétorix, campées sur le revers oriental de la colline, est à 400 pas en avant de la circonvallation primitive, ce qui lui donne une circonférence de 8,000 pas (12,588 mètres); l'autre, de 14,000 pas (20,734 mètres), regarde la campagne, et a pour objet de résister aux efforts des Gaulois restés en arrière, réunis au gros des troupes levées de toutes parts pour sauver l'indépendance du pays, et formant une masse de 240,000 hommes. De nombreuses attaques sont repoussées par les Romains; les Gaulois détachent 60,000 hommes sous les ordres de Vergasillaunus, pour attaquer le camp romain par une hauteur située au nord, et qui n'avait pu, en raison de son étendue, être comprise dans la contrevallation. Vercingétorix attaque en même temps la ligne intérieure du côté de la plaine, et, ne pouvant s'en rendre maître, il dirige ses forces contre les hauteurs, où il échoue également.

César fait exécuter un vigoureux retour offensif par quatre cohortes et une partie de la cavalerie; l'autre partie sort des retranchements, et prend en queue les troupes de Vergasillaunus.

Labienus, qui commande les Romains sur la colline du nord, engage quarante et une cohortes que le hasard amène à sa rencontre; César arrive sur ce point, et dirige en personne une résistance énergique; la cavalerie paraît alors sur les derrières des Gaulois, qui se retirent en désordre; la bataille est gagnée. Vercingétorix est forcé de se rendre; la domination romaine est établie dans les Gaules, et César va chez les Éduens; il distribue ses troupes dans des quartiers d'hiver : « Il ordonne à Labienus de partir pour » le pays des Séquanes avec deux légions et la cava- » lerie. »

Je me borne à donner ici la substance des opérations ; cela suffit à l'objet que je me propose, celui de déterminer la zone dans laquelle se sont accomplis les événements, et la coïncidence de ceux-ci avec le terrain.

Je ferai remarquer tout de suite que César alla seul chez les Éduens, c'est-à-dire à Autun : tout était fini, et le mouvement de l'armée entière était inutile. C'est donc à Alesia que Labienus reçut l'ordre de partir pour la Séquanie. Cela prouve d'une façon élémentaire, mais péremptoire, que la cité conquise n'était pas dans ce pays.

Depuis que César a franchi la Loire, il n'est plus question, dans le texte, d'un passage de rivière, ainsi on est en droit de conclure que nul cours d'eau important ne s'est trouvé sur le chemin suivi par les Romains, de Nevers dans la direction de Sens, et de là sur la route de la Séquanie, passant à l'extrême frontière du pays des Lingons.

La bataille qui a précédé le siége d'Alesia a donc été livrée entre la Loire et la Saône, c'est-à-dire dans un triangle dont la base s'appuie sur la Loire, près de Nevers, passe à Autun, s'étend sur un rayon d'environ 100 kilomètres de cette ville vers le pays des Lingons, et dont le sommet est au nord près de Sens. La ville d'Alesia était dans le même triangle.

L'emplacement du champ de bataille peut être facilement déterminé de la manière suivante : Vercingétorix ayant marché pendant trois jours, a dû se trouver à 80 kilomètres au plus d'Autun ; si de ce point comme centre, et avec le rayon ainsi déterminé, on décrit une circonférence, on aura le lieu des camps gaulois établis à 10,000 pas (15 kilomètres) des Romains. Cette circonférence passe à Aisy, où elle coupe l'Armançon, au nord de Baigneux, à Arc-sur-Tille, rencontre la Saône à la Perrière, entre Auxonne et Saint-Jean-de-Losne, et le Doubs auprès de Chaussin.

La vallée de l'Armançon, entre Montbard et Ancy-le-Franc, satisfait à toutes les conditions, et n'est éloignée d'Alise-Sainte-Reine que de 25 à 30 kilomètres, dont le parcours n'offre aucune difficulté.

Tous les détails du siége d'Alesia sont précis : les ouvrages des Romains ont entouré la ville ; leurs camps étaient dans des positions favorables ; de plusieurs points, renfermés dans les lignes, on découvrait l'ensemble du siége. Tout cela est applicable aux environs du mont Auxois. Le chef d'escadron du Mesnil l'a démontré avec la dernière évidence. M. Rossignol, en s'appuyant sur cette démonstration, l'a complétée, et rien n'est plus facile que de s'en convaincre en prenant pour centre le milieu du plateau supérieur, et décrivant des circonférences égales au développement des lignes indiqué dans les *Commentaires*. On trouve ainsi le tracé approximatif des ouvrages mentionnés, et l'ensemble d'un siége tel qu'il devait être fait à une époque où les armes de jet portant loin manquaient aux armées. Les retranchements des Romains n'étaient certainement pas circulaires, et si, comme tout concourt à le prouver, ils ont été construits autour du mamelon d'Alise, leur forme était elliptique avec le grand axe dirigé de l'est à l'ouest.

Une partie des lignes devait être sur la pente des hauteurs du nord, entre lesquelles se trouve le vallon du Rabutin, de sorte que l'attaque extérieure, de ce côté, dominait les retranchements. Une autre partie des mêmes lignes passait à l'est sur le mont Plevenel, et cela satisfait à ce qui est dit du mouvement dirigé par Vercingétorix contre les hauteurs, après avoir échoué dans la plaine (§§ 85 et 86).

J'ai essayé de tracer autour du mont Auxois, sur le plan annexé à cette étude, les trois principales lignes romaines, dont le développement et la situation sont

indiqués d'une manière précise; toutes les données
s'adaptent au terrain avec une facilité extrême, et
l'ensemble obtenu se prête également à une application rationnelle, ainsi qu'on peut le remarquer en
jetant les yeux sur la carte.

Ainsi le terrain de la Bourgogne, non-seulement
ne présente aucune contradiction avec le texte de
César, aucune difficulté d'exécution pour les faits de
guerre mentionnés, mais encore il s'accorde admira-
blement avec les détails les plus minutieux de ce texte.

Je ferai pour un moment abstraction de la Saône,
que les Romains n'avaient pas franchie, et j'essayerai
d'appliquer aux environs d'Alaise les renseignements
donnés par les *Commentaires* (1).

J'ai dit que le cercle de 80 kilomètres de rayon
dans lequel Vercingétorix a exécuté sa marche de
trois jours touchait à Arc-sur-Tille, coupait la Saône
à la Perrière, et le Doubs près de Chaussin ; le champ
de bataille ne peut pas être à plus de 10 kilomètres
en dehors de la circonférence ; or Ruffey en est éloigné de 40 kilomètres, ce qui rend impossible la bataille sur le terrain où M. Delacroix l'a placée.

Si l'on décrit, d'Alaise comme centre, une circonférence de 30 kilomètres de rayon, distance maximum
dont le champ de bataille puisse être éloigné d'Alesia,
cette circonférence arrive à 5 kilomètres de l'Ognon,
dans la direction de Ruffey ; elle coupe le Doubs à

---

(1) Voir les feuilles de la carte de France au 80,000°; numéros 113 et 126, ainsi que l'extrait de la dernière déjà cité.

Orchamps, et la Loue à Belmont. Ce dernier point est à 15 kilomètres de Chaussin.

On peut conclure, en toute assurance, que la bataille n'a pas été livrée au delà de l'Ognon ; la distance de ce point à Alaise est trop considérable (40 kilomètres) ; le terrain, à partir de la forêt de Chaux, est extrêmement difficile, et jamais armée, fût-elle gauloise ou romaine, n'a pu se battre le matin près de Charcenne et de Venère pour se retirer le soir à Alaise.

Il faudrait donc ramener le champ de bataille soit sur le Doubs, soit sur la Loue, à Orchamps ou à Belmont. Cette hypothèse est difficilement admissible : César voulait gagner la province romaine et non pas entrer au cœur de la Séquanie ; il ne se serait jeté à l'est que pour éviter Vercingétorix, qui serait venu lui barrer le chemin ; mais alors il allait s'engager dans un pays très difficile, et négliger les ressources qu'il pouvait tirer, pour protéger son mouvement, du voisinage de la Saône. Enfin la marche en arrière du champ de bataille aurait été si difficile, à partir de Liesle ou de Mouchard, séparés d'Alaise par trois chaînes de hauteurs escarpées, qu'il est encore douteux, par cette raison, que le mouvement eût été exécutable.

Il est donc probable que la bataille n'aurait pas été livrée sur le Doubs ou sur la Loue, à proximité d'Alaise, même dans le cas où les Romains auraient pu arriver au bord de ces cours d'eau sans franchir la Saône.

Je passe au terrain sur lequel est situé le village d'Alaise.

César ne put arriver que de l'ouest, car au delà d'Orchamps il eût été si près de Besançon qu'il en eût inévitablement parlé. Alors il a passé à By ou à Ivrey ; il est arrivé dans le ravin de Conche, et, ayant devant lui une montagne dont le relief est de 120 à 130 mètres, il ne pouvait voir la cité placée sur un contre-fort en arrière ; il dut gravir cette montagne, appelée aujourd'hui Charfoinge ; puis, de son sommet, il dut encore monter, soit de 35 mètres sur le Mouniot, soit de 100 mètres sur les mamelons du bois des Séchis ; de là seulement il pouvait voir la ville, mais il la voyait d'en haut, car ces mamelons dominent Alaise, comme je l'ai déjà dit, de 48 à 130 mètres. César ne pouvait donc pas penser ni dire que cette place était sur une montagne tellement élevée qu'un siége en règle pouvait seul l'en rendre maître : il la dominait de haut et de près.

Si l'on suppose que les Romains soient venus de Liesle par Mesmay et Pointvilliers à Doulaize, la remarque de César ne pouvait être faite que de l'emplacement actuel de ce dernier village, ou plus près du Lison, sur le haut du versant ; tout le reste du terrain est plus élevé qu'Alaise. Mais cette supposition n'est pas possible, en raison des difficultés que présente le sol pour la marche d'une armée, et de la force des positions défensives que les montagnes et les gorges offrent à chaque pas sur la direction qu'il eût fallu suivre. Quelques hommes déterminés suffisaient pour arrêter et repousser les Romains. Les deux armées auraient eu à passer le Lison, dont la vallée profonde et les berges escarpées eussent séparé César de la ville. Cela aurait été, sans nul doute, le sujet d'une observation analogue à celles que renferme presque à chaque page le texte des *Commentaires*.

Malgré ces graves objections, supposons les Romains campés autour d'Alaise, alors ville importante sous le nom d'Alesia, et voyons comment les lignes de retranchements si bien décrites s'appliqueront au terrain. J'ai tracé les ouvrages principaux sur la carte des environs d'Alaise, comme je l'ai fait sur celle du mont Auxois.

La première ligne, de 11,000 pas, aurait touché Myon, Doulaize et Sarraz, coupé deux fois la vallée du Lison, et renfermé les mamelons des grandes Montfordes et de la Chênée.

La ligne intérieure, construite plus tard, aurait suivi à peu près la crête de la berge droite du Lison dans le bois des Bornes et devant Doulaize; les défenses accessoires eussent été aussi impossibles à établir qu'inutiles derrière un si formidable fossé, qui eût également couvert la ville d'une manière inexpugnable. Cette même ligne aurait couronné le mamelon le plus élevé du bois des Séchis, qui domine Alaise de plus de 100 mètres.

La ligne extérieure aurait passé à Échay, Refranche, près d'Éternoz, dans la forêt de Fertans, non loin des rochers qui dominent la route actuelle de Salins à Nans, et enfin près du château de Myon, après avoir coupé en biais le vallon de Conche. Cette ligne rencontre les points les plus bas et les plus élevés du terrain; sa direction parcourt une zone tellement accidentée, qu'il est impossible d'admettre qu'on ait pu la couvrir avec les abatis, trous de loup et chaussestrapes employés par les Romains pour se garantir des attaques de l'armée gauloise de secours. Le sol du camp compris entre les lignes extrêmes eût été inhabitable sur plus de la moitié de sa surface; enfin il n'y eût pas eu autour de ce camp, à l'exception du plateau de Doulaize, un seul point où la cavalerie eût pu agir avec efficacité, c'est-à-dire par le choc résultant d'une impulsion vive et suffisamment prolongée.

La conclusion de ces observations est facile à tirer : c'est que les environs d'Alaise ne peuvent pas avoir été le théâtre des événements rapportés dans le septième livre des *Commentaires de César*.

La nature de ce terrain n'a jamais pu se prêter à l'existence d'une grande ville.

Les armées romaine et gauloise n'auraient pu y arriver qu'avec les plus grandes difficultés, en supposant qu'elles eussent été d'avance sur la rive gauche de la Saône, ce qui est en contradiction avec le texte des *Commentaires*.

Les travaux des Romains, si minutieusement décrits, auraient été en grande partie sans utilité et en plus grande partie encore inexécutables.

L'application que je viens de faire au terrain des détails donnés par César ne ressemble pas à celle que M. Delacroix a exposée dans son mémoire : je le reconnais ; mais cela tient à ce que je me suis renfermé dans l'application pratique et littérale du texte et dans l'observation exacte des mesures qu'il donne. A son insu, peut-être, l'auteur s'en est écarté quelquefois : M. Rossignol l'a démontré, et, à mon tour, je demande à M. Delacroix la permission de citer quelques exemples.

César rapporte le siége d'une ville située sur le haut d'une colline ; M. Delacroix en fait le siége d'un massif de montagnes au milieu duquel se trouve une bourgade dont l'enceinte n'est pas même indiquée.

César parle d'une plaine en avant de la place : il en donne la dimension. M. Delacroix prend pour cette plaine le fond d'un vallon très encaissé, et le versant d'une colline dont l'inclinaison n'est pas de moins de 11 pour 100. Cette pente est atténuée sur la carte jointe au mémoire de M. Delacroix, et un contre-fort situé sur la rive gauche du ruisseau est supprimé, peut-être par une erreur de reproduction du lithographe qui a dessiné cette carte.

César dit que ses camps étaient dans des positions convenables et que ses ouvrages entouraient la ville. M. Delacroix place la première ligne de retranchements, à laquelle il donne 6 kilomètres de trop, sous les rochers de Querches, dans le défilé de Chambaron, sous les roches de la forêt de Fertans, au fond de la vallée du Lison, toutes situations où ces ouvrages eussent été aussi impossibles à construire qu'inutiles pour l'attaque ou la défense.

César dit que les Gaulois campés sur la pente orien-

tale de la colline d'Alesia s'étaient fortifiés par un
fossé et un mur de six pieds de hauteur, en pierres
sèches ; M. Delacroix place Vercingétorix non pas sur
une pente, mais sur le contre-fort de Chataillon, limité
à l'est par la vallée infranchissable du Lison, et séparé d'Alaise par un vallon à berges escarpées. Celui-
ci est ouvert dans une couche de marne redressée ou
produit par une faille, et l'auteur le suppose creusé
de main d'homme, pour défendre Chataillon contre
la bourgade elle-même.

Je ne parle pas de la disposition des redoutes indiquée par M. Delacroix entre Mont-Mahoux, Varbey,
Chassagne et Lisine. Cette hypothèse est une simple
fantaisie en contradiction avec les *Commentaires* et
avec les circonstances les plus évidentes. En effet, la
ville, bourgade ou position d'Alaise ne pouvait rece-
voir de secours que du côté de l'ouest, où les Gaulois
arrivaient du pays des Éduens, et c'était de ce côté
que les efforts de l'armée romaine devaient se con-
centrer, au lieu de s'étendre et de s'anéantir d'eux-
mêmes par la dispersion sur la pente septentrionale
des monts de Mayot. César, sur la rive droite du Lison,
avec la majeure partie de l'armée, occupant le vaste
plateau d'Amancey, n'aurait fait aucun mal à Alesia,
dont la puissante garnison eût pu conserver ses com-
munications du côté de l'ouest et défier en toute sécurité, derrière les précipices du Lison, les efforts de
l'ennemi.

Le récit de la dernière bataille, fait par M. Delacroix,
n'est pas non plus admissible, par les motifs suivants :

1° La distance de Bartherans à Chassagne, par le plateau de Montrond, est de 25 kilomètres ; le terrain est très accidenté ; il faut, pour franchir cette distance, passer deux fois la Loue, ce qui exclut la possibilité du mouvement par 60,000 hommes conduisant beaucoup de matériel, dans l'espace de douze heures au plus.

2° D'après César, l'attaque de Vergasillaunus sur les retranchements s'est exécutée en partant d'une position dominante ; dans l'hypothèse de M. Delacroix, les Gaulois auraient eu en premier lieu à gravir, par un versant marneux, une élévation de 200 mètres, puis ils eussent monté toujours jusqu'au premier poste occupé par les Romains, au château Cassard.

3° La distance entre les deux points de l'action et la nature du terrain s'opposeraient à ce qu'il eût été possible d'en embrasser l'ensemble d'un coup d'œil, ainsi que le fit César devant Alesia.

M. Delacroix a fait un travail sans doute intéressant, il a peint avec de vives couleurs un grand événement dont il a cru trouver le théâtre dans son pays. Je crois qu'il s'est trompé : je viens d'essayer de le faire voir. Ce n'est pas au temps de la conquête par les Romains qu'il faut remonter pour trouver les événements militaires accomplis sur le plateau d'Amancey, c'est au temps de l'invasion des peuplades du Nord. On comprend que les habitants de la plaine se soient retirés derrière les rochers du Jura, pour échapper aux barbares, et que ceux-ci les aient poursuivis dans leur dernière retraite. Les ornements trouvés dans les tumuli ne confirment-ils pas cette opinion, par leur identité avec ceux découverts en Suède.

M. Rossignol a discuté en homme convaincu autant qu'érudit les assertions de M. Delacroix ; il a montré en grande partie les impossibilités qui résultent de l'hypothèse adoptée par celui-ci.

Un nouvel auteur prouvera peut-être un jour que le VIIe livre des *Commentaires de César*, s'applique encore mieux à une autre Alesia inconnue jusqu'ici.

Je ne suis entré dans cette discussion que pour rechercher l'application rationnelle au terrain des faits rapportés, application qui est la base de toute science militaire. J'ai exposé les événements, les circonstances dans lesquelles ils paraissent s'être accomplis, les conditions physiques, matérielles, qu'ils ont exigées, et je tire cette conclusion :

La cité d'Alesia, que prirent les Romains, pouvait être sur le mont Auxois ; la disposition du sol, sa nature, ses accidents, s'accordent de tous points avec le texte des *Commentaires ;* on pourrait refaire aujourd'hui le siége décrit par César.

Le terrain sur lequel est situé le village d'Alaise-lez-Salins ne répond à aucun des détails donnés ; les diverses circonstances du siége y sont impossibles.

Il faut donc laisser à la Bourgogne l'Alesia des *Commentaires*, le grand souvenir historique de la soumission, de l'asservissement des Gaules ; la Franche-Comté est assez riche en traditions célèbres pour ne rien prendre à ses voisins.

R. DE COYNART,
Chef d'escadron d'État major.

LÉGENDE DE LA CARTE D'ALISE.

A. Première ligne construite par les Romains, ayant 11,000 pas (16,291 mètres) de développement, et flanquée par vingt-trois redoutes.

B. Seconde ligne de circonvallation à 400 pas (592 mètres) en avant de la première, couverte du côté de la place par cinq rangs d'abatis, huit rangs de trous de loup et des chausse-trapes. — Il y avait deux fossés continus de 15 pieds (4^m,44), et un rempart en terre flanqué de tours éloignées entre elles de 80 pieds (environ 23 mètres) dans l'intervalle des deux lignes A et B.

C. Ligne de contrevallation de 14,000 pas (20,734 mètres) ayant du côté de la campagne les mêmes défenses accessoires que la ligne B.

D. Enceinte hypothétique du camp de l'armée gauloise commandée par Vercingétorix.

Pendant que ce travail était sous presse, j'ai eu connaissance des écrits suivants sur la même question.

Article de M. Desjardins et Mémoire de M. Jomard, dans le *Bulletin de la Société de géographie*; — Article de M. Bordier, dans la *Correspondance littéraire*; — Article de M. Lenormand, dans le *Correspondant*, et Mémoire de M. Revillou. J'avais lu l'appréciation de M. Quicherat, dont l'opinion est identique avec celle de M. Delacroix; je n'avais donc rien de particulier à en dire.

R. DE C.

CARTE DES ENVIRONS DE SALINS,

Comprenant la Situation d'Abuse.

(Extrait de la Carte de l'État Major.)

Le Spectateur Militaire

ENVIRONS D'ALISE STE REINE,

Pour servir à l'intelligence des opérations du Siège d'Alesia par J. César (52 Ans avant J.C.)

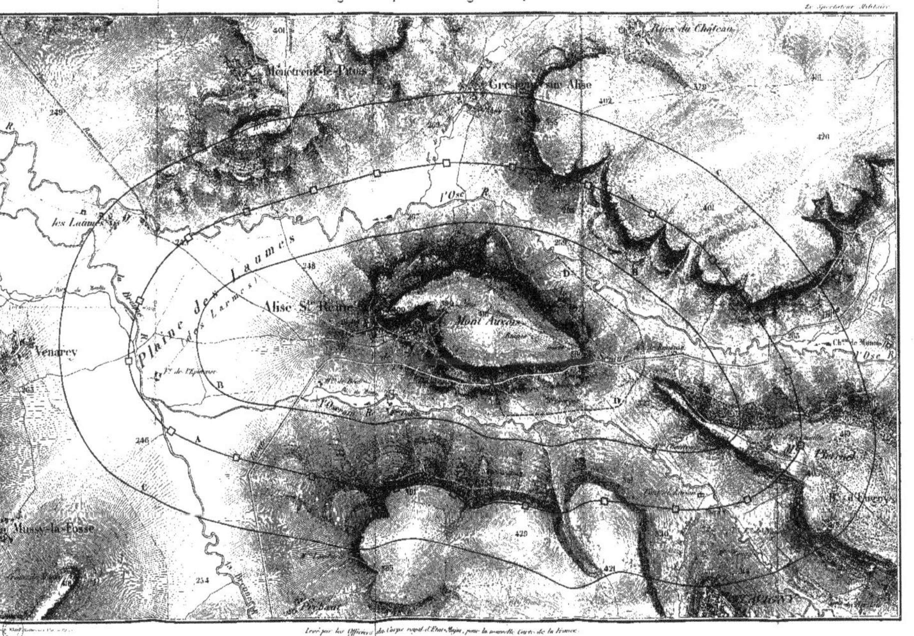

Levée par les Officiers du Corps royal d'État-Major, pour la nouvelle Carte de la France.

www.ingramcontent.com/pod-product-compliance
Ingram Content Group UK Ltd.
Pitfield, Milton Keynes, MK11 3LW, UK
UKHW020126080726
13614UKWH00005B/2059